CW01668579

Crédits des illustrations : Shutterstock © Gardes : SvetaZI gardes et p. 65/Kazakova Maryia, p. 9, 31, 37, 64/lady-luck, p. 11/NotionPc, p. 17/Tatiana Liubimova, p. 19/ Charobnica, p. 21/casejustin, p. 27/ Hennadi H, p.27, 29, 39/pear worapan, p. 33/ La Gorda, p. 37/Nature Art, p. 41/Merlinul, p. 43/Anna Tyukhmeneva, p. 44, 45/ Volhah, p. 47/Koffiekup, p. 51, 77/Irina Vaneeva, p. 52, 53/Liubov Sergeeva, p.55, 71/ GoodStudio, p. 58, 59/Mart, p. 61, 85/Bonker's Art, p. 63/Vandycan, p. 63/VladisChern, p. 67/Lilia art, p. 67/Supanut piyakanont, p. 69/Tatiana Davidova, p. 73, 80, 81/ kirpmum, p. 77/ Vector Tradition, p.85/HappyPictures, p. 85/Olly, p. 87/Foxyliam, p. 87/ creative mood, p. 89/Oksana Alekseeva, p. 89/Julia_Snova, p. 90/AminaAster, p. 91/ Bubulk, p. 93

Direction de la publication : **Isabelle Jeuge-Maynart et Ghislaine Stora**
Direction éditoriale : **Aurélie Starckmann**
Édition : **Laure Sérullaz, assistée de Léa Lhotellerie**
Lecture-correction : **Oriale Faulhaber**
Mise en page : **Les PAOistes**
Couverture : **Véronique Laporte, Anna Bardon**
Fabrication : **Ombeline Canaud**

ISBN 978-2-03-595452-7
© Larousse 2019

Toute reproduction ou représentation intégrale ou partielle, par quelque procédé que ce soit, de la nomenclature et/ou du texte et des illustrations contenus dans le présent ouvrage, et qui sont la propriété de l'Éditeur, est strictement interdite.

Les Éditions Larousse utilisent des papiers composés de fibres naturelles, renouvelables, recyclables et fabriquées à partir de bois issus de forêts qui adoptent un système d'aménagement durable. En outre, les Éditions Larousse attendent de leurs fournisseurs de papier qu'ils s'inscrivent dans une démarche de certification environnementale reconnue.

PAPIER À BASE DE FIBRES CERTIFIÉES

LAROUSSE s'engage pour l'environnement en réduisant l'empreinte carbone de ses livres. Celle de cet exemplaire est de : 250 g éq. CO_2
Rendez-vous sur www.larousse-durable.fr

Imprimé en Espagne par Unigraf
Dépôt légal : février 2019
322556/01 – 11039525 – janvier 2019

LES MINI LAROUSSE

Les 50 règles d'or pour réussir son potager sur son balcon

Serge Schall

LAROUSSE

21 rue du Montparnasse 75283 Paris Cedex 06

Sommaire

I MES ASTUCES TECHNIQUES

Règle 1 – Plants ou semis ? 8
Règle 2 – Le F1 inscrit sur les sachets et les étiquettes : j'ai tout compris 10
Règle 3 – Des plants greffés ? 12
Règle 4 – J'utilise toujours des semences de qualité 13
Règle 5 – Je réussis tous mes semis 14
Règle 6 – Je sème en terrine 16
Règle 7 – Je sème en mottes et en plaques alvéolées 18
Règle 8 – J'éclaircis mes semis 20
Règle 9 – Repiquage au chaud 22
Règle 10 – La bonne profondeur 23

II MES TRUCS D'ENTRETIEN

Règle 11 – J'utilise le meilleur terreau 24
Règle 12 – NPK, les agents d'entretien de mon terreau 26
Règle 13 – Des engrais organiques pour un balcon bio 28
Règle 14 – Le rempotage 30
Règle 15 – L'arrosage, la clé de la réussite 32
Règle 16 – Un potager sain sur un balcon sain 34
Règle 17 – Je garde un œil sur les maladies 36
Règle 18 – La bouillie bordelaise pour balcon 38
Règle 19 – J'utilise les purins du commerce 40
Règle 20 – J'attends beaucoup des auxiliaires 42
Règle 21 – Les plantes amies, c'est efficace sur mon balcon ? .. 44

III MES FRUITS ET LÉGUMES AU BALCON

Règle 22 – Des tomates pour la cuisine 46
Règle 23 – Tomates apéritif 48
Règle 24 – Des fraisiers 49
Règle 25 – Des carottes courtes 50
Règle 26 – Les radis de tous les mois 52
Règle 27 – Salade à couper et salade à couper 54
Règle 28 – Mélanges 56
Règle 29 – Choux frisés et kale 57
Règle 30 – Des basilics parfumés 58
Règle 31 – Une collection de menthes 60
Règle 32 – L'épinard feuille à feuille 62
Règle 33 – Piment et poivron 64
Règle 34 – Des navets à racines courtes 66
Règle 35 – Une tour de pommes de terre 68
Règle 36 – La mâche : inratable ! 70
Règle 37 – Mes bons haricots verts 72
Règle 38 – La courgette, oui ! 74
Règle 39 – La poirée, c'est bette ! 75
Règle 40 – Mes bonnes aubergines 76
Règle 41 – Des petits pois... 78
Règle 42 – Le melon : mon défi 79
Règle 43 – Fenouil et chou-rave : tout dans le bulbe ! 80
Règle 44 – Le vrai goût des concombres ! 82
Règle 45 – Sauges déclinées 83
Règle 46 – Des aromatiques pour l'ombre 84
Règle 47 – Mes fleurs comestibles 86
Règle 48 – Une jardinière asiatique 88
Règle 49 – Des choux chinois sur mon balcon 90
Règle 50 – La plante huître : l'air du large sur mon balcon ! ... 92

Plants ou semis ?

Le potager sur balcon a des besoins différents de ceux au jardin. Ici, pas de grandes rangées de haricots ou de tomates, mais souvent des légumes à l'unité dans un pot. Alors, semis ou plants achetés ?

EN PRATIQUE

- Un sachet contient quelquefois des centaines de graines, qui risquent d'être périmées avant d'avoir été toutes utilisées, alors chaque fois que je le peux, je préfère acheter des plants déjà poussés. C'est plus pratique et plus économique, tout compte fait.
- Jusqu'alors, je pouvais trouver facilement des plants de tomates, de poivrons, d'aubergines, de salades et de manière générale, de tous les légumes-fruits. Aujourd'hui, je peux aussi me procurer des plants d'autres légumes, comme les oignons.

• Les fournisseurs de tubercules, bulbes et caïeux (petits bulbes se développant à l'intérieur d'un bulbe ancien) proposent maintenant de petits conditionnements. Il y a peu, les pommes de terre se vendaient par clayettes de cinquante tubercules exclusivement, mais de nos jours, on trouve des filets de six à neuf semences.

• **Pour certains légumes, le semis est obligatoire :** carottes, radis et navets, ou espèces à grosses graines, comme les pois et les haricots.

RÈGLE 2

Le F1 inscrit sur les sachets et les étiquettes : j'ai tout compris !

Qu'il s'agisse de sachets de graines ou de plants poussés, la mention « F1 » qui complète le nom de la variété du légume indique qu'il s'agit d'un hybride, par opposition aux anciennes variétés de légumes (appelées « variétés fixées »).

EN PRATIQUE

- Peu m'importe le débat animé qui revient régulièrement sur la meilleure variété qui soit. Les hybrides « F1 » sont souvent de bons légumes, car ils ont été mis au point pour être résistants aux maladies, supporter le transport, la conservation, et enfin assurer un bon rendement ; autant de critères étrangers au potager sur balcon.

- Je note que je peux trouver des graines et des plants **issus de l'agriculture biologique** dans les deux catégories.
- Ils sont généralement plus chers à l'achat, mais les quantités dont j'ai besoin pour mon balcon sont si dérisoires que ce critère n'entre pas en ligne de compte. De même, bien que je ne puisse pas produire mes propres graines avec les hybrides « F1 », cela ne concerne pas non plus mon potager en pots.
- En conclusion, toutes les variétés de légumes sont bonnes à prendre.

Des plants greffés ?

Dans l'offre en plants légumiers, on trouve systématiquement des plants greffés, principalement pour quelques légumes-fruits comme la tomate, l'aubergine, le melon, le poivron ou le concombre. Leurs avantages sont largement valorisés par un bel étiquetage, mais qu'en est-il vraiment ?

EN PRATIQUE

- Je me suis renseigné : ces super légumes, qui sont plus chers à l'achat, sont greffés pour résister aux maladies, s'adapter aux sols lourds, supporter la sécheresse, etc. Autant de critères que je peux maîtriser en pots, par une culture soignée.
- J'arrose régulièrement mes pots pour conserver le terreau toujours légèrement humide et je choisis un terreau de qualité comme support de culture. Quant aux maladies, les foyers pathogènes ne peuvent pas s'installer dans un seul pot et, au moindre doute, je nettoie au préalable correctement les pots avec de l'eau de Javel, avant de semer ou de planter. Alors, ces plants ne sont pas vraiment utiles...

J'utilise toujours des semences de qualité

RÈGLE 4

Une semence, c'est ce que je sème ou que je plante (graines, tubercules, bulbes). Comme toute forme vivante, sa qualité peut fluctuer. Aussi, j'emploie seulement des semences de bonne qualité, d'autant plus que je n'en ai besoin que de peu.

EN PRATIQUE

- **La plupart des graines de légumes se conservent 3 à 4 ans dans de bonnes conditions.** Au-delà, les semences vieillissent vite.
- La place est comptée sur mon balcon alors, avant de semer, je teste mes fins de sachets. Je prélève dans chacun une dizaine de graines, que je dépose sur un coton humide. Je le conserve chez moi au chaud, à 20 °C. Après quelques jours, je note le pourcentage de germination et alors j'arbitre.
- Je conserve mes sachets entamés dans leur emballage bien fermé et je les place dans un endroit à l'abri de la chaleur, de la lumière et de l'humidité.

Je réussis tous mes semis

Un bon semis lève rapidement [compter quelques jours] et de manière homogène. La qualité des plants produits dépend de sa réussite.

EN PRATIQUE

• **J'apporte une chaleur suffisante** (18-20 °C) à la plupart de mes légumes. Certains d'entre eux, comme les laitues, préfèrent une température plus basse (15 °C). J'attends donc pour les faire pousser à l'extérieur.

• **Je choisis un terreau pour semis :** il est conçu par des producteurs et allie à une bonne aération et rétention en eau ce qu'il faut comme réserves nutritives pour les plantules. Sinon, je coupe mon terreau universel avec 1/3 de sable, de vermiculite (minéral argileux) ou de perlite (minéral blanc d'origine volcanique) : la légèreté du support est le critère le plus important.

• **J'arrose très régulièrement.** L'eau, qui est d'ailleurs constitutive de la plantule, sert à bien imbiber les téguments (enveloppes) des graines. J'arrose toujours en pluie fine pour éviter de chambouler le semis, à l'aide d'un vaporisateur à main.

• **Je procède rapidement à l'éclaircissage pour les semis qui le réclament** (ex. : tomates, poivrons, radis, carottes, etc.) afin d'éviter que les plantules ne s'étiolent et que je ne perde tout mon semis.

SUBSTRAT ET TERREAU

Le **« substrat »** est un support de culture pour végétaux qui permet la fixation de leurs racines. Il peut être organique ou minéral et est composé de différents éléments comme des sédiments, de la vase, des roches ou des granulés de sable. Le **terreau** est lui-même un substrat. C'est un mélange de terre riche en matières organiques, utilisé pour les cultures potagères. Il peut être constitué de terre, de tourbe, d'argile, d'engrais et de divers composants servant à l'aérer comme la perlite, la vermiculite, de la fibre de bois.

Je sème en terrine

Le semis en terrine permet de produire un grand nombre de plants sur une surface réduite. Cela m'intéresse pour mon balcon, où la place est comptée. Ce type de semis suppose un éclaircissage dans la foulée, comme pour un semis en pleine terre au jardin.

EN PRATIQUE

- Je remplis une caissette de terreau pour semis et je sème tout de suite de manière homogène, en espaçant le mieux possible les semences pour limiter et faciliter l'éclaircissage à venir (voir règle 8).
- Pour semer, je peux utiliser une feuille de papier pliée en deux et faire glisser les graines placées dans son sillon, mais j'ai mieux : **un semoir à main**. C'est une petite boîte dans laquelle je place mes graines et dont je règle le débit en choisissant l'ouverture correspondant à leur grosseur.

• Je prends le temps de tamiser une petite quantité de terreau pour recouvrir mes semis : la plupart des graines doivent être seulement recouvertes afin d'être protégées de la lumière. Semées trop profondément, elles ne germeront pas.
• Je vaporise d'eau pour assurer un bon contact avec le terreau et les graines, et je place à 20 °C ou je dépose une vitre sur la terrine pour accroître la chaleur naturelle offerte par le soleil.

Je sème en mottes et en plaques alvéolées

Cela prend plus de place, mais ça m'évite les manipulations sur les jeunes plantules, et c'est bien pratique pour la transplantation en pots. J'utilise ces méthodes surtout si j'ai envie de semer des graines suffisamment grosses pour être manipulées facilement.

EN PRATIQUE

- J'achète des mottes de tourbe ou des plaques alvéolées déshydratées et compressées.
- Je les laisse imbiber, en les faisant tremper dans un fond d'eau et je sème.
- Une fois la plantule poussée, lorsque les premières racines sont visibles sur les parois de la motte, je rempote dans un godet ou un pot plus grand.
- Je place les mottes et les plaques dans une mini-serre qui leur assurera une chaleur adéquate,

que j'aère sitôt que les plantules sont sorties, pour éviter les risques de pourrissement dû à l'excès de condensation.

J'éclaircis mes semis

Un semis produit toujours trop de plantules : c'est la rançon de la bonne qualité des semences. Si je laisse le semis tel quel, les plants se font rapidement concurrence pour la place, la lumière et les réserves nutritives. À vouloir conserver trop de plants, je risque de tous les perdre : l'éclaircissage est indispensable.

EN PRATIQUE

- J'interviens rapidement dès que tout ce petit monde végétal est sorti de terre, au risque que les plantules ne s'étiolent. Pour ce qui est de la tomate par exemple, j'éclaircis après huit jours, dès que les deux cotylédons pointus sont visibles.
- **Pour les semis à l'extérieur, en jardinière et en grands pots,** j'ai un peu plus de marge : je réalise en même temps l'éclaircissage et le désherbage, comme pour les carottes, les radis et les salades.

• **Pour les semis en poquet**, c'est-à-dire lorsque j'ai semé 3 à 5 grosses graines au même endroit, j'attends un peu que les plants se soient développés pour choisir le plus beau et éliminer les autres.

QU'EST-CE QU'UN COTYLÉDON ?

Le « cotylédon » est une partie de l'embryon de la graine d'une plante, ou la première feuille d'un plant. Il est différent des autres feuilles de la plante car il sert à fournir aux semis les nutriments nécessaires à leur croissance. Pour ce faire, il pioche dans les réserves nutritives de la graine de la plante, qui est à ce stade encore incapable d'en produire suffisamment par le biais de la photosynthèse.

Repiquage au chaud

Après l'éclaircissage, les semis produits en terrine doivent être repiqués dans des godets pour s'épanouir individuellement avant leur plantation définitive en pots. C'est l'opération la plus délicate, qui réclame un peu d'application pour ne pas endommager les racines.

EN PRATIQUE

- J'attends que les plantules sortent leurs deux premières vraies feuilles, en plus de leurs cotylédons.
- Je me sers d'une fourchette pour soulever délicatement les plantules, sans abîmer leur racine principale.
- Je creuse un trou profond, de la longueur de la racine, et je repique en évitant de plier cette dernière, afin qu'elle reste bien droite.
- Je « borne », c'est-à-dire que je tasse bien la terre tout autour de la racine.
- Je n'enterre pas trop profondément la racine, sinon la plantule risque de pourrir. En règle générale, il vaut mieux planter « flottant ».

La bonne profondeur

Tout est affaire de mesure sur le balcon...

EN PRATIQUE

- **Je plante « flottant » mes plants de laitue,** le collet bien au-dessus de la surface de la terre. Sinon, ils risquent de pourrir.
- **Je plante les plants de tomates** jusqu'aux deux premières feuilles. Sur cette portion de tige vont se développer des racines adventives donnant plus de vigueur au plant.
- **Je plante mes tubercules et bulbes** à une profondeur égale à une fois et demie leur hauteur. Pour l'ail, je laisse affleurer la pointe à la surface.
- **Lors de la plantation des plants à tuteurer,** j'enfonce le tuteur jusqu'au fond du pot avant d'y attacher les tiges.
- **Je plante mes fraisiers** en laissant le collet bien hors de terre. J'ajouterai du terreau si besoin.
- **Pour les semis directs de grosses graines** (ex. : haricots, pois, etc.), je sème à une profondeur de deux fois le diamètre ou la taille de la graine.

RÈGLE 11

J'utilise le meilleur terreau

Le volume des pots conditionne directement la quantité de terreau disponible pour chaque plante, qui est toujours insuffisante comparativement à celle en pleine terre. Il faut donc utiliser le meilleur terreau possible et l'entretenir pour réussir ses cultures.

EN PRATIQUE

• Je connais **les qualités d'un bon terreau : retenir l'eau, servir de réserve nutritive et favoriser la production de nombreuses petites racines fonctionnelles** pour absorber ces nutriments. Néanmoins, le plus simple reste encore de m'en remettre aux fournisseurs de terreaux.

• Je sais aussi que les terreaux pour rempotage du commerce sont toujours conçus en anticipant le manque de rigueur des amateurs en matière d'arrosage : ils sont riches en tourbe blonde (qui retient l'eau comme une éponge). Aussi, j'amende mon terreau dès l'achat avec de la terre de jardin (qui se vend aussi en sacs), à raison de 1/3 du volume de mon terreau, pour lui donner du corps et apporter un surplus d'éléments minéraux.

- Avec un bon arrosage au moment du rempotage, ce mélange me permettra d'espacer les arrosages, ou au moins de les faire en moindre quantité : car plus d'arrosage, c'est aussi plus de minéraux qui partent dans la soucoupe !
- Je conserve une petite quantité de terreau pour les surfaçages à venir (voir page 31).

AMENDER SON TERREAU, POURQUOI ?

Pour devenir le support idéal des semis, le terreau doit être bien équilibré. Lorsque ce n'est pas le cas, cela peut être corrigé par des « amendements ». Ce sont des produits complémentaires fournis à la terre afin d'en améliorer la structure chimique, physique et biologique (contrairement à l'engrais, qui ne fait qu'apporter des nutriments). Il existe des amendements biologiques et minéraux. Les premiers allègent les terres les plus lourdes ou solidifient les plus légères ; les seconds, eux, peuvent corriger le pH de la terre.

NPK, les agents d'entretien de mon terreau

Une fois les réserves nutritives épuisées, le terreau n'est plus qu'un support si on ne l'entretient pas par de nouveaux apports : c'est le rôle des engrais. Les besoins des plantes reposent sur trois éléments principaux, « N », « P » et « K » (pour azote, phosphore et potassium), le trigramme lisible sur tous les emballages.

EN PRATIQUE

- Je préfère des **engrais organiques.** Eux aussi sont identifiés par leur NPK.
- Pour bien choisir, je sais que l'azote **(N) sert surtout à la fabrication du « vert » des feuilles. Le phosphore (P),** quant à lui, **intervient de la floraison à la maturation des fruits.** Enfin, **le potassium (K) sert surtout de fumure de fond au jardin :** je n'en aurai donc pas l'utilité sur mon balcon.

• J'utilise un **engrais pour tomates.** Sa richesse en phosphore (il domine dans le NPK) sert à tous mes légumes-fruits (poivrons, aubergines, fraisiers, etc.).

• J'utilise un engrais **riche en azote** (pourquoi pas pour plantes d'intérieur) **en arrosage,** mais aussi à partir de ma deuxième production en jardinière de salades à couper par exemple, ou pour doper mon persil. Et c'est tout !

Des engrais organiques pour un balcon bio

Il suffit donc de lire le NPK figurant sur les emballages des engrais pour en connaître leur dominante et, donc, leur utilisation. Ne reste plus qu'à faire la distinction entre deux types d'engrais organiques : ceux à apporter au temps T, et ceux dont l'effet est différé de plusieurs mois.

EN PRATIQUE

- Comme les engrais chimiques, certains engrais organiques sont faciles d'emploi car il suffit de les diluer dans l'eau d'arrosage. Par exemple, si je souhaite soutenir la croissance de légumes-fruits, j'utilise un engrais à base de vinasses de betteraves, à apporter une fois par semaine, entre mai et septembre.
- De manière générale, les engrais organiques ont une action lente, du fait du temps qui leur est nécessaire pour se décomposer dans le

sol. Je les utilise pour reconstituer les réserves des grandes jardinières et des gros pots en automne, en prévision du printemps. La **corne broyée** et la **corne broyée torréfiée** (NPK 12/1/0), le **sang séché** (NPK 12/1/1) ou encore la **farine de plumes** (NPK 8/3/8) sont à dominante d'azote tandis que la **farine de poisson** (NPK 9/12/4) et la **poudre d'os** (NPK 4/20/0) sont, elles, riches en phosphore.

• Je respecte les doses préconisées et je fais pénétrer par un simple griffage de 5 à 10 cm de profondeur.

Le rempotage

La plus grande partie des légumes produits au potager sur balcon sont des espèces annuelles, ou cultivées comme des plantes annuelles. Le rempotage ne les concerne donc pas. Cette opération vaut seulement pour les vivaces, soit essentiellement pour certaines plantes aromatiques (menthe, sauge, thym, romarin, etc.) et les petits fruitiers (fraisier, framboisier, etc.).

EN PRATIQUE

• Je profite du grand nettoyage de printemps pour faire les quelques rempotages nécessaires. Je lave correctement les pots de réemploi et je les brosse et les rince avec une eau de Javel à 10 %.

• Je rempote dans un contenant plus grand de 4 doigts pour le diamètre (ou de 2 doigts de rayon).

• C'est aussi le moment idéal pour diviser quelques plantes comme les fraisiers ou les vivaces aromatiques. Cela me permet de repartir sur de nouvelles cultures dans des pots de mêmes dimensions ou de les multiplier en godets ou en petits pots.

• Le rempotage des vivaces n'est pas nécessaire tous les ans si j'effectue un surfaçage. Je griffe délicatement pour ôter autant d'ancien terreau que possible et j'en ajoute autant de neuf.

L'arrosage, la clé de la réussite

Incontestablement, la réussite du potager sur balcon dépend de l'arrosage. Rappelons que le microclimat d'un balcon ou d'une terrasse est très particulier et ingrat en comparaison du jardin, notamment car la chaleur, et par conséquent l'évaporation, y sont plus intenses.

EN PRATIQUE

- **Arrosage à la surface ou dans la coupelle ?** Aucune importance, je m'inquiète plutôt de maintenir **mon terreau toujours légèrement humide**. J'évite de le laisser sécher complètement.
- Sur les grands balcons et les terrasses, je peux envisager un **système automatique**, avec un programmateur et quelques longueurs de tuyau. C'est pratique, mais peu esthétique. À utiliser en fonction de mes disponibilités quotidiennes en été.
- Pour éviter les goutteurs trop voyants, je fais passer le tuyau d'arrivée d'eau par le trou situé au fond des grosses poteries et des jardinières.

Je le guide sur la paroi interne du contenant et je fiche le goutteur au pied de la plante.

• Peu décoratifs mais très pratiques (et surtout provisoires) : les dispositifs à visser sur les bouteilles en plastique en cas d'absence. Ces cônes microporeux, fichés dans la terre, assurent un arrosage constant. Je peux partir l'esprit tranquille.

RÈGLE 16

Un potager sain sur un balcon sain

Les parasites sur le balcon sont beaucoup moins nombreux et variés qu'au jardin. Cependant, ils sont d'autant plus présents que la densité des pots est importante. Alors attention aux pullulations !

EN PRATIQUE

- **Je surveille les aleurodes**, qui infestent principalement les solanacées (aubergines, tomates, poivrons, pommes de terre, etc.). Ce sont de petites mouches blanches triangulaires qui nichent sur le revers des feuilles. Je traite avec un insecticide végétal du commerce.
- Je reste philosophe, **les pucerons noirs et verts** sont inévitables. Pour autant, je ne cherche pas à les éradiquer, mais plutôt à les contenir. Pour les petites attaques, du purin d'ortie ou de l'eau avec du savon noir (10 %) en pulvérisation suffisent. Et si j'ai la chance d'accueillir des coccinelles, je les laisse se charger du nettoyage.

• En cas de sécheresse, si je ne suis pas assez rigoureux concernant les arrosages, je risque de déplorer la présence d'**acariens**, surtout sur les fraisiers. Pour les limiter, j'arrose au pied des légumes. Sinon, j'utilise un acaricide bio du commerce.
• En fin de compte, je m'en tire à très bon compte si je pense à tous les autres parasites du potager auxquels j'échappe tels que la mouche de la carotte, le ver du poireau ou de l'oignon, etc.

ÊTRE VIGILANT, LA CLÉ DE LA RÉUSSITE

Les agressions des plantes sur balcon sont souvent dues à de petites bêtes ou à des champignons microscopiques. Afin de prévenir toute catastrophe, il me faut donc observer régulièrement mes plants et savoir décrypter les signes :

-**Des feuilles collantes ?** C'est probablement l'œuvre d'insectes piqueurs-suceurs sécrétant du miellat collant.

-**Des feuilles rongées ?** J'observe les jeunes tiges et les feuilles, car la bête coupable ne doit pas être loin !

-**Des tâches brunes, orange ou blanchâtres ?** Les champignons sont installés.

RÈGLE 17

Je garde un œil sur les maladies

Tout comme les parasites, les maladies sont bien moins nombreuses sur le balcon qu'au jardin et leur longue liste est d'ailleurs plutôt théorique (à l'exception des principales).

EN PRATIQUE

- Je reconnais du premier coup d'œil l'**oïdium**, ou « blanc ». Il commence par de petites taches diffuses, blanches et feutrées, présentes sur les feuilles. Il se développe à la faveur d'une trop grande humidité ou après une pluie. Néanmoins, il touche surtout les cucurbitacées, que je ne cultive pas par manque de place. Je reste vigilant et surveille mes pois et mes haricots. **Je traite dès l'apparition des premiers symptômes** et avant qu'ils ne s'aggravent par des pulvérisations de soufre à diluer (c'est bio !).
- L'été est chaud et humide ? Le **mildiou** peut sévir sur les tomates et les pommes de terre. Dès l'apparition des premières taches violacées, c'est trop tard.

Je pulvérise donc préventivement, en mai et en juin, de la bouillie bordelaise incolore.

• Dernier fléau, le **botrytis**, une pourriture grise qui ressemble à une moisissure : les fraises pourries du marché, c'est lui ! Alors, pour l'éviter, je pense à utiliser une décoction de prêle et bouillie bordelaise **en préventif**, en avril-mai et juin.

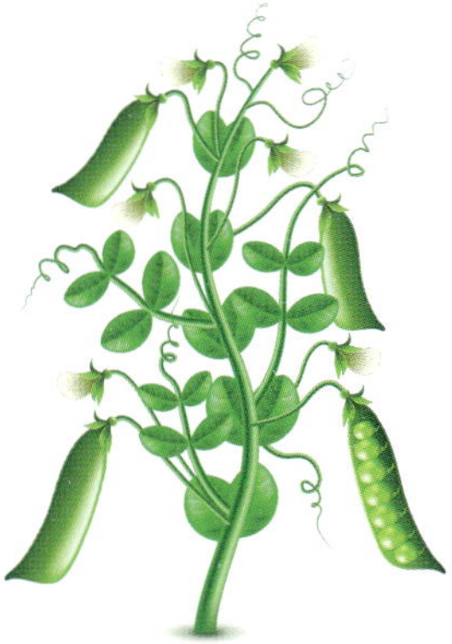

La bouillie bordelaise pour balcon

La bouillie bordelaise, tout le monde connaît : c'est celle qui tache de bleu les fruitiers, les vignes, les plants de tomates ou encore de pommes de terre par exemple, et dont certains jardiniers aiment bien abuser parce qu'on la voit bien. Décriée de nos jours, ce sont surtout ses emplois abusifs qu'il faut condamner. Rappelons qu'elle est autorisée en jardinage biologique.

EN PRATIQUE

• **Avec sa couleur bleue, elle est bien pratique,** car je peux voir avec précision quelles parties j'ai traitées. Mais sur mon balcon, je n'ai pas besoin de visualiser mes dalles ou mon caillebotis. Donc, pas question !

• **Je préfère la version incolore,** qui n'est pas tout à fait la même, mais qu'on utilise pareillement. Je prends tout de même la précaution de ne pas en mettre partout et je protège les abords avec de vieux journaux.

- À la différence du soufre, on emploie la bouillie bordelaise **à titre préventif**, et non curatif.
- **Je traite en fin de journée** pour éviter les risques de brûlures sur le feuillage. De même, je diffère le traitement si la température excède 25 °C ou si l'on annonce de la pluie, qui la lessiverait.
- **Je traite les plantes potagères après plantation** (tomates, poivrons, aubergines, pommes de terre, etc.). Je fais trois traitements espacés d'un mois à six semaines durant la culture, pour une couverture de trois à quatre mois et demi.

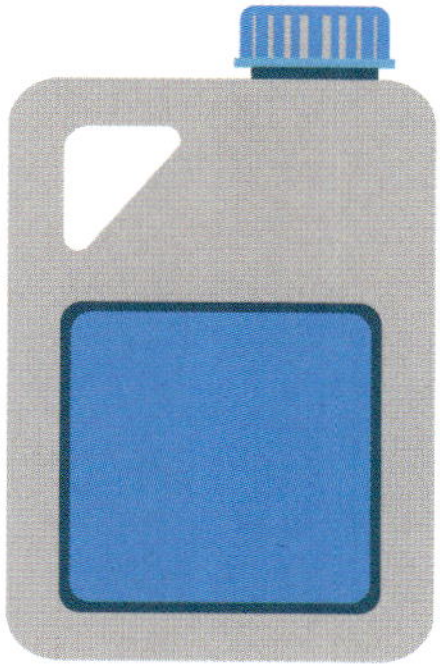

J'utilise les purins du commerce

Parmi les différents usages des purins au potager, je retiens pour mon balcon leur efficacité dans la prévention des maladies et des attaques de parasites, du fait de leur capacité à renforcer la robustesse des plantes. Bien sûr, pas question de se lancer, comme au jardin, dans leur préparation lourde et odoriférante ! Je préfère les purins du commerce, déjà prêts à l'emploi.

EN PRATIQUE

- Pas la peine d'hésiter entre tous les purins disponibles sur le marché : j'en retiens seulement trois et si je dois n'en utiliser qu'un, ma préférence va au purin de prêle.
- Je pulvérise du **purin d'ortie** pour fortifier mes plants de légumes et garantir leur bon état sanitaire. Sinon, je l'utilise en arrosage. Dans les deux cas, je le pulvérise toutes les deux à quatre semaines, d'avril à fin août.

• Pour les légumes-fruits, je m'en remets au **purin de consoude**, à raison de trois à cinq arrosages espacés chacun de trois semaines, entre mars et septembre. Au rempotage, je laisse passer quinze jours avant le premier apport de purin.
• Mais mon chouchou, c'est le **purin de prêle**. Grâce à sa richesse en silice, son dépôt sur la plante agit comme une barrière mécanique empêchant les insectes de la piquer. Je prévois quatre à cinq applications dans la saison.

RÈGLE 20

J'attends beaucoup des auxiliaires

Comme je cultive bio, j'attends avec impatience l'arrivée d'auxiliaires, ces petits insectes qui aident à combattre les parasites de mes légumes. Attention toutefois à ne pas placer en eux trop d'espoirs, car même si je les espère et les préserve, je ne peux m'en remettre complètement à eux pour une lutte efficace. Cela est d'autant plus vrai que plus les étages sont hauts, plus ils se raréfient jusqu'à devenir inexistants.

EN PRATIQUE

- Plus par intérêt scientifique que par souci d'efficacité, je fais un lâcher de **larves de coccinelles**. Généralement, en mai, ma commune en distribue gratuitement lors de la fête des plantes. Une larve ou une coccinelle adulte mange des dizaines et des dizaines de pucerons par jour !
- Je me réjouis de reconnaître le **syrphe**, une petite mouche d'un centimètre qui ressemble à une

guêpe, et pourtant totalement inoffensive. Elle se caractérise par son vol stationnaire. Elle pond à proximité des colonies de pucerons et ses larves s'en nourrissent.

• Je prends soin de la **chrysope aux yeux dorés**, que je peux voir à l'intérieur, le soir. Cet insecte vert fluo de 10 à 15 mm de long est un grand dévoreur d'insectes, mais plus encore le sont ses larves, qui ont un appétit féroce : elles ingèrent ainsi pucerons, acariens, thrips, mouches mineuses, etc.

Les plantes amies, c'est efficace sur mon balcon ?

L'association des plantes amies au potager est une pratique courante du jardinage bio… qu'il faut utiliser avec parcimonie sur le balcon.

EN PRATIQUE

- Les **plantes aromatiques** ont des propriétés répulsives (plus ou moins efficaces) touchant de nombreux insectes. Je mêle ainsi mes potées de basilic, de sarriette ou de lavande à mes plantations de légumes en pots.

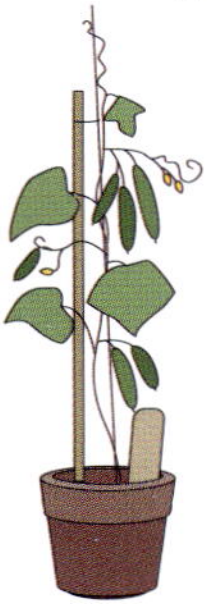

- Je sème du **lin annuel** dans ma tour de pommes de terre (voir page 68) pour tenir éloignés les doryphores, mais seulement si je jardine en rez-de-chaussée ou en périphérie des villes : sinon, ils sont absents.
- En gardant à l'esprit ce dernier point, je plante quelques **oignons** dans mes

jardinières de carottes courtes : les deux se protègent mutuellement de leurs mouches respectives.

• Et non, je ne sème pas d'œillet d'Inde pour protéger mes tomates en pots. Je réfléchis ! En pleine terre, on le fait (et seulement en cas de problème avéré), car les racines d'œillet d'Inde produisent des composés volatils néfastes aux nématodes de la tomate, de petits vers invisibles qui pénètrent par les racines. Complètement inutile pour la culture en pot !

Des tomates pour la cuisine

Parmi les milliers de variétés existantes, j'ai le choix ! Cependant, toutes ne sont pas adaptées à ce mode de culture particulier.

EN PRATIQUE

- Je cultive dans un gros pot de 30 cm de diamètre placé sur un support à roulettes : ainsi, je pourrais tourner le pot facilement dans la journée pour capter le plus de soleil possible et parfaire la maturation.
- Au rempotage, j'incline la tige de mon plant et j'enterre la base jusqu'aux premières feuilles pour le rendre plus vigoureux.
- À partir de juillet, je soutiens la croissance en arrosant avec un engrais « tomate » (NPK 5/5/12) une fois par semaine.
- Pour une fois, je délaisse les hybrides « F1 » pour me tourner uniquement vers les variétés anciennes.

- Des tomates, il y en a des petites, des moyennes et des très grosses : sauf pour le côté amusant de récolter un gros fruit, je renonce à ces dernières et à leurs fruits qui pèsent entre 600 g et plus de 1 kg, car les plants en pots ne sont pas assez costauds pour les supporter.
- Tomate « Totem », « Marmande », « Banana leg », « Des Andes », ou encore « Noire de Crimée », j'ai l'embarras du choix ! Je peux aussi cultiver des tomates en suspension comme « Tumbler », « Birdie » ou « Red Robin ».

Tomates apéritif

Elles sont très simples à produire en pots.

EN PRATIQUE

- J'applique les mêmes consignes de culture que pour les tomates pour la cuisine.
- Elles poussent naturellement en buissons et n'ont besoin ni de taille, ni de tuteurage : je les laisse cascader hors des pots.
- Pour un bon ensoleillement, plutôt que de poser tous les pots au sol les uns à côté des autres, **je les dispose en étages**. Une planche posée sur quelques briques, et c'est un niveau de plus en hauteur !
- Je prévois de la place : les buissons de tomates apéritif mesurent plus d'un mètre de large.
- À partir de fin août-début septembre, les plants font grise mine mais je les conserve, car les fruits de septembre jusqu'à début octobre sont délicieux.
- On connaît généralement la tomate « Cerise », mais moins la tomate « Poire jaune », plus sucrée. Je cultive « Groseille » pour ses fruits minuscules, mais aussi « Prune » et « Raisin vert », pour les confire au vinaigre.

Des fraisiers

Tous les fraisiers poussent facilement en pot : leurs seuls ennemis sont les acariens, à surveiller.

EN PRATIQUE

• Je rempote dans des pots de 25 cm de diamètre minimum et dans tous les contenants disponibles (caisses de vin, jardinières, suspensions ou pots à fraisier pour leur côté kitschissime), en laissant 20 cm entre deux plants.
• Je laisse le collet légèrement hors de terre, quitte à compléter le niveau lorsque le terreau se sera tassé.
• Pour éviter les acariens, je laisse toujours un peu d'eau dans les soucoupes. En s'évaporant, elle crée un nuage d'humidité autour du feuillage. J'inspecte régulièrement le revers des feuilles. Si je crains le botrytis, je traite préventivement avec de la bouillie bordelaise incolore.
• Je me régale de toutes mes nouvelles obtentions : « Charlotte », « Mara des bois », « Cléry », des vieux fraisiers tels que « Saint Joseph », « Reine de mai » ou « Madame Moutot » et des fraisiers dits « des bois ».

Des carottes courtes

Les grandes carottes orange ou de couleur, c'est pour le potager ! Leur grande racine a besoin de profondeur. Sur le balcon, je préfère la culture de carottes courtes ou au moins de carottes demi-longues, si je dispose de grandes jardinières bien profondes.

EN PRATIQUE

- Tous les contenants sont bons à utiliser, à condition qu'ils fassent au moins 25 cm de profondeur.
- J'allège le terreau du commerce avec 20 % de sable pour avoir de belles racines régulières, même si cela m'oblige à arroser plus fréquemment.
- Je sème à partir d'avril sur toute la surface, ou en ligne dans les jardinières, et je recouvre peu les graines. Après trois semaines, j'éclaircis pour laisser 5 cm entre deux plantules.
- Je récolte trois mois à trois mois et demi après le semis, en comptant sur 15 à 20 carottes pour une ligne de 50 cm.
- La référence variétale est la « Marché de Paris », une ancienne carotte de 1925 toujours disponible.

On la nomme aussi « Tom Pouce » ou plus simplement « Grelot », car sa racine est presque ronde. D'autres variétés en sont issues, comme la « Parmex ».
• Je sème aussi des carottes coniques, comme la « Boltex », une version améliorée de la « Carotte de Chantenay » en forme de toupie de 12 à 15 cm, la « Mignon », plus cylindrique, la « Royal Chantenay à cœur rouge » ou encore la « Little Finger ».

RÈGLE 26

Les radis de tous les mois

La culture des radis ronds ou allongés, rouges et blancs, est la même au potager que sur le balcon : c'est le légume qui réclame le moins de hauteur de terre pour pousser. Les semis se succèdent facilement compte tenu du cycle rapide de production.

EN PRATIQUE

- Je peux semer à la volée comme au jardin, mais les semences de radis sont suffisamment grosses pour être semées une à une avec un peu d'application et de patience. Je les dépose à la surface du terreau, espacées de 2 cm. Je les recouvre peu de terre : juste ce qu'il faut pour les protéger de la lumière.
- Débarrassé du travail d'éclaircissage, je n'ai plus qu'à les regarder pousser et à récolter. En théorie, la récolte s'effectue

au bout de 18 jours pour la variété éponyme ; en réalité, elle se passe sur un mois.

• Un seul gramme de semences contient 120 graines, donc la promesse de 120 radis : j'échelonne les semis toutes les trois semaines.

• **Tous les radis sont bons lorsqu'ils sont arrosés régulièrement.** Je me cantonne néanmoins aux grands classiques en semant du radis « De 18 jours », du « National », du « Flamboyant », du « De Sézanne », etc. Je découvre aussi les radis ronds ou les radis de couleur comme le « Jaune d'or hâtif », le « Malaga » ou le « Zlata ».

RÈGLE 27

Salade à couper… et salade à couper

Il y a les salades dont on coupe la pomme lorsqu'elle est bien formée, et les salades dont on coupe les feuilles au fur et à mesure qu'elles apparaissent. Au potager sur balcon, les premières sont là pour s'amuser à faire pousser une grosse laitue dans un pot, mais on choisira les secondes pour leur bon rendement, loin d'être négligeable.

EN PRATIQUE

- Une grosse laitue, une belle frisée ou une scarole pointue ? Pour le côté « petit exploit personnel », je rempote en mars-avril un plant dans un pot de 25 cm de diamètre. Je plante « flottant ». Ainsi, je me préserve des escargots et des limaces, qui ne grimpent pas dans les hauteurs. Je patiente six à huit semaines pour admirer le résultat.
- Je sème à la volée des salades à couper dans des jardinières, dans de grands pots et dans des bassines de récupération. La levée est rapide, en

huit jours, et la récolte des premières feuilles, en trois semaines.

• **J'évite le soleil trop puissant :** une ombre légère et tamisée est plus conseillée. Je fais un semis par mois pour assurer la relève et ce, jusqu'en automne.

Mélanges

Les salades à couper pour leurs feuilles sont souvent proposées en mélanges.

EN PRATIQUE

• Je sème des mélanges de semenciers. Ils sont constitués de laitues, de chicorées frisées, de feuilles de chêne vertes et rouges et en général de cinq à sept salades différentes à cueillir jeunes.
• Je fais aussi mes mélanges avec mes restants de semences.
• Le mesclun est plus riche en goût ; je le sème d'avril à octobre. Il doit sa saveur forte aux salades « sauvages » qui le constituent telles que la roquette, la cressonnette ou la salade de pourpier, et à celles du Sud comme la « Craquerelle du Midi », la « Rougette de Montpellier » et la « Rouge de Vérone ».
• Je cultive du mesclun du commerce et je fais mon propre mélange selon mes goûts, en forçant sur les saveurs sauvages. Dans mon saladier, j'ajoute des fanes de radis et de carotte, des feuilles d'épinard, de mâche et de trévise.
• Je sème tous les mois pour des récoltes en continu.

Choux frisés et kale

Sur le balcon, il faut oublier les cabus ventrus et les choux de Milan volumineux, et se tourner plutôt vers les choux frisés, à cueillir feuille à feuille. Le kale a remis au goût du jour ce légume, et c'est tant mieux !

EN PRATIQUE

- J'attends les mois de mars et d'avril, qui offrent de nombreux plants en jardinerie. J'achète un seul godet de chou frisé par pot de culture.
- Je donne un bon volume de terreau, dans un pot de 30 cm de diamètre, pour avoir de belles et grandes feuilles. Je rempote, je place en plein soleil, j'arrose régulièrement et je regarde pousser.
- Je cueille au fur et à mesure les feuilles de mes choux dès qu'elles mesurent 25-30 cm.
- Je cultive du « Westlandse Winter » et je complète par un chou violet comme le « Redbor F1 », un chou à feuillage foncé comme le « Nero di Toscana » ou un chou palmier, aussi décoratif que bon à manger, ou bien sûr le kale. Pour prolonger les récoltes en milieu d'automne et en hiver, je choisis le « Reflex F1 », qui résiste bien au froid, et le « Frostata ».

Des basilics parfumés

Le basilic est le rendez-vous annuel de début de printemps. Il donne le coup d'envoi officiel de la belle saison au potager et annonce déjà les beaux jours d'été. Rien de plus facile que de le cultiver !

EN PRATIQUE

• Je peux le semer en pot ou en jardinière ; la belle illustration du choix à faire entre semis et plant : moi, j'ai choisi ! J'achète un seul plant par variété, pour varier les plaisirs.

• Un plant pour un pot de 17 à 20 cm de diamètre, c'est suffisant. Je le rempote au tout dernier moment, en avril-mai, lorsqu'il n'y a plus de risque de gel. Pour les variétés curieuses, je les achète sitôt que je les trouve et je les garde hors gel jusqu'en mai.

• Du soleil, de l'eau et des tailles régulières sont indispensables lorsque je ne prélève pas de feuilles afin de maintenir mon basilic bien touffu, mais sa culture est vraiment très simple. Il s'agit plus d'entretien, d'ailleurs.

• Pour la base des pestos, je sélectionne un basilic à grandes feuilles comme le « Grand Vert » et un à petites feuilles comme le « Fin Vert ».

• Je peux aussi opter pour tout plein de curiosités et ainsi épater mes amis et mes papilles : le « Cannelle », le « Thaï », le « Citron », le basilic « À feuilles de laitue » et son feuillage gigantesque, et une variété à feuilles rouges, le « Purple Ruffles ».

Une collection de menthes

Pour ce qui est de la menthe, comme pour le basilic, on peut davantage parler « d'entretien » que de « culture » tant les soins à apporter se résument à peu pour obtenir une totale réussite. Sans grand mérite ici !

EN PRATIQUE

- J'achète un plant par variété, que je plante isolément dans un pot. C'est suffisant pour les premières récoltes et cela me servira à multiplier mes plants à volonté les années suivantes.
- Je place mes pots en plein soleil, s'il y a de la place. Sinon, j'utilise les espaces légèrement ombragés de mon balcon : la menthe sera moins trapue, mais tout aussi bonne et parfumée.
- Lorsque je ne cueille pas les tiges feuillées, je coupe à ras toutes les tiges pour favoriser le démarrage des bourgeons situés au ras de la surface du terreau. Plus je taille, plus il en sort.

• Je rempote la menthe poivrée « Mentha spicata » et la menthe verte « Mentha viridis » pour mon thé à la menthe, mon taboulé et mes plats cuisinés.
• Je craque pour les menthes de collection, tout aussi bonnes et surprenantes, comme la menthe-chocolat, la menthe-gingembre, la menthe-bergamote, la menthe-anis, la menthe-pomme, la menthe-ananas ou encore la menthe-banane : leurs noms de baptême parlent pour elles.

L'épinard feuille à feuille

La culture de l'épinard et de l'oseille est très simple au jardin comme sur le balcon. Une grande jardinière de 80 cm de longueur est suffisante pour en avoir une grande partie de l'année.

EN PRATIQUE

- J'échelonne les semis entre le printemps et l'automne, mais je fais une pause en été si je jardine dans le Sud car avec la chaleur, l'épinard monte facilement à graines. Pendant cette saison, je le remplace par l'oseille ou par la tétragone. Et si je ne veux pas me compliquer la tâche, je me contente du semis d'automne.
- Pour accélérer la germination, je laisse tremper mes graines dans l'eau pendant six heures pour ramollir les téguments, ou dans une solution de bouillie bordelaise pour les protéger du mildiou par la même occasion.

• En hiver, je laisse l'épinard sans soins, car il est rustique et le supporte bien (-6 à -7 °C). De même, lorsqu'il est recouvert de givre, je le laisse tel quel. Dans les zones humides, j'évite de le pailler car cela favorise l'excès d'humidité, qui aggrave l'effet du froid.

• Pour les semis de printemps, je sème l'épinard « Géant d'hiver », le « Carambole », le « Junius », le « Résistoflay » ou le « Nordic ». En été, je sème le « Junius », l'« Alice » ou le « Lagos ». Enfin, en automne et en hiver, je choisis le « Géant d'hiver », le « Monstrueux de Viroflay », l'« Adèle », le « Samos », le « Nordic » ou le « Carambole ».

Piment et poivron

Rappelons que le piment et le poivron sont une même plante : le premier est un piment fort ; le second, un piment doux.

EN PRATIQUE

• Un plant acheté au dernier moment (en avril) pour le piment, est largement suffisant pour couvrir tous mes besoins en cuisine. Je fais simple et classique en cultivant le piment « De Cayenne » ou le piment « Langue d'oiseau ». Je place chacun en plein soleil et apporte de l'eau à leurs pieds.

• Côté poivron, j'évite les gros fruits bien carrés (sauf pour m'amuser), car un plant de poivron cultivé en pots est peu robuste. Je choisis plutôt les variétés à fruits petits ou moyens, que les branches peuvent supporter. Malgré tout, je pense à tuteurer les plantes.

• Poivrons vert et rouge sont souvent les mêmes à des stades différents de maturation. Je préfère les laisser rougir, mais c'est un choix personnel : ainsi, ils sont plus fruités, plus sucrés et moins amers en général.

• Je cultive le poivron « Corne de taureau rouge » pour ses longs fruits pointus de 20 cm, le « Doux très long des Landes » et le « Doux d'Espagne ». Et, pour avoir des poivrons verts, je choisis le « Marseillais », aux fruits très irréguliers et biscornus, mais délicieux.

Des navets à racines courtes

De même que pour les carottes, en matière de navets, on privilégie les racines rondes et les plates pour le potager sur balcon. Ces variétés de navets se contentent en effet d'une épaisseur de terreau peu importante.

EN PRATIQUE

- Tout comme pour le potager en pleine terre, les meilleurs navets sont les primeurs qui arrivent en début de printemps. On peut les manger crus comme les radis ou simplement râpés et assaisonnés tant ils sont parfumés. Par la suite, ils sont davantage fibreux et forts en soufre, voire piquants.
- Tous les navets étiquetés « De Milan » sont bons à prendre : ce sont des navets plats, hâtifs et à feuilles entières. Cette variété de navet est idéale pour la culture en jardinière. Je peux trouver du navet « De Milan blanc » ou « De Milan rouge » ; je sème les deux alternativement.

- Pareillement, je sème du « Blanc plat hâtif à feuilles entières », et le même en rouge.
- Pour un pot-au-feu d'automne, je sème le fameux « Boule d'or », pour sa racine ronde de 12 cm de diamètre, sa chair et son épiderme jaunes.
- J'essaie aussi les mini-navets, qui ne sont en réalité que des légumes cueillis très tôt, environ six semaines après le semis d'avril-mai. Je choisis la variété « Ivory » pour cette culture originale.

Une tour de pommes de terre

Des pommes de terre sur un balcon ou une terrasse, c'est possible... À condition d'avoir un peu de place pour y loger une « tour de pommes de terre » !

EN PRATIQUE

- Je fabrique ma tour avec tout le matériel qui s'y prête. Cela dit, le plus simple est encore d'avoir recours à un grand sac épais comme les « **big bags** » utilisés pour les décombres de chantier.
- Dès la mi-mars dans le Sud et avril-mai ailleurs, je remplis une hauteur de 40 cm de terreau léger et je dépose dedans quelques tubercules espacés de 20 cm. Désormais, il est possible de trouver en jardinerie de petits conditionnements de neuf tubercules. Je recouvre de terreau.
- Lorsque les plants atteignent 40 cm de hauteur, je butte le pied en ramenant le terreau sur 10 à 15 cm à la base des plants.

• Après trois à quatre mois de culture, selon les variétés, les plants commencent à faner et la récolte se précise dans les jours suivants. Je démonte la tour ou je fouille dans mon grand sac pour découvrir les tubercules.

• Toutes les variétés récentes sont bonnes (« Agata », « Amandine », « Sirtema », etc.) mais les anciennes restent des valeurs sûres (« Belle de Fontenay », « Bintje », etc.).

La mâche : inratable !

La mâche, c'est presque une année complète de salade à elle seule. Et avec ça, d'une simplicité de culture désarmante. Comme elle a gardé sa robustesse de son origine sauvage (la doucette des cueillettes des champs, c'est elle), elle nous comble même en hiver, au moment où la verdure se fait rare.

EN PRATIQUE

• Je commence mes premiers semis dès avril et je les prolonge tous les mois jusqu'au mois de septembre, et même jusqu'en octobre les années à l'automne doux. La germination se fait entre 10 et 15 °C, en 8 à 12 jours.
• Les graines sont grosses ; on dirait de petits cailloux. En m'appliquant, je peux les semer à la main. Une graine = une rosette. Le compte est facile.
• Dans de grandes jardinières, je dépose une graine tous les 5 à 10 cm selon les variétés, car certaines donnent de petites rosettes rases tandis que d'autres donnent de grandes touffes élancées et plus volumineuses.

- Les récoltes succèdent aux semis, qui succèdent eux-mêmes aux récoltes : seule la très grosse chaleur de l'été peut contrarier ce rythme. À cette période, je cultive à l'ombre et je recouvre la surface du terreau d'un paillage ou de journaux humides.
- Je choisis les anciennes variétés du XIXe siècle comme la « Coquille de Louviers », la mâche « À grosse graine » et la « Verte de Cambrai ». Dans le Sud, je sème plutôt la mâche « D'Italie à feuille de laitue ».

Mes bons haricots verts

On a tous fait germer des haricots sur un coton, à l'école primaire, et constaté que sa croissance est rapide. Il suffit de renouveler ce petit exploit très facile, en pot, sur le balcon, pour récolter des haricots mange-tout (aussi appelés « haricots verts »), au moins pour s'amuser à remplir une assiette.

EN PRATIQUE

- Un grand pot de 30 cm, un tuteur de 50 cm (de préférence en tipi pour occuper au mieux l'espace) et des graines : le nécessaire est simple.
- En mars-avril, je sème après avoir fait tremper les graines pendant une nuit dans de l'eau claire.
- Je dépose dans un poquet 5 ou 6 graines en les espaçant de 8 à 10 cm. Je les enfonce à 3 cm de profondeur et je pose dans le même temps le tuteur.
- Je choisis des variétés naines, qui se développent à 40-50 cm de hauteur. Cependant, si je jardine

au dernier étage ou sur une terrasse, je préfère les variétés à rames, qui poussent sur de grands tuteurs à plus de 2 m : c'est encore plus de haricots récoltés !

• Je sème du « Triomphe de Farcy », un des meilleurs, du « Fin de Bagnols », pour ses grandes gousses de 18-20 cm, et pour ce qui est des haricots beurre (les jaunes), je choisis le « Beurre de Rocquencourt ». Parmi les variétés à rames, je préfère le « Saint-Fiacre à rames », le « Phénomène à rames » et le « Mont d'or », pour les jaunes.

La courgette, oui !

Sur le balcon, on récolte des petits fruits en contenant les plantes par des tailles régulières et en produisant peu de fruits, plutôt des ronds et des longs cueillis très jeunes.

EN PRATIQUE

- Je peux semer directement en pots, à 1 cm de profondeur, dès avril, ou acheter un plant en avril-mai pour le rempotage dans un pot le plus gros possible, de 30 à 50 cm de diamètre, car comme toutes les cucurbitacées, la courgette est très gourmande.
- Je place mon pot au soleil, j'arrose chaque jour et au pied sans mouiller le feuillage pour éviter l'oïdium, et je regarde pousser.
- J'apprends à reconnaître les fleurs mâles (en observant les étamines dans les fleurs jaunes en cornet) et les femelles (celles qui évoluent en courgettes).
- Dès qu'il y a trois fruits, je taille après la deuxième feuille suivant le dernier fruit pour les laisser grossir.
- Je cultive les variétés de courgettes allongées, mais je les récolte sitôt qu'elles mesurent 18 cm, et les variétés à fruits ronds comme la « Ronde de Nice ».

La poirée, c'est bette !

On récolte de grandes feuilles en pot, suffisamment pour faire une omelette après l'autre.

EN PRATIQUE

- Je préfère au semis et son fastidieux éclaircissage des plants tout prêts pour les rempoter en mai dans des pots de 30 cm de diamètre ou plus.
- Je place en plein soleil et j'arrose tous les jours aux pieds. Je n'ai pas à craindre les limaces et les escargots, qui sont généralement le fléau de cette culture : sur le balcon, ils sont absents.
- En quelques semaines, je cueille les premières feuilles, et les suivantes tous les 15 jours environ.
- À partir du mois de juillet, je soutiens la croissance en ajoutant un engrais organique riche en azote (N) à l'eau d'arrosage, une fois par semaine.
- Toutes les variétés sont bonnes à prendre, telles que la « Blonde à carde blanche » et la « Verte à carde blanche », sans oublier les anglaises à cardes colorées comme la « Bright light », la « Bright yellow » ou la « Rhubarb chard ».

Mes bonnes aubergines

Les bonnes aubergines doivent être cueillies jeunes, avant que leur chair soit trop importante et ne devienne spongieuse, sèche et piquante. En pot, on peut espérer quelques fruits de très bonne qualité.

EN PRATIQUE

- L'idéal est un plant acheté au dernier moment en avril-mai pour un pot de 40 cm de diamètre et ce, pour chaque variété ; attention, pas plus de trois pour ne pas mobiliser trop de place.
- Le plein soleil, de l'eau au pied, un terreau riche et aucune taille : les besoins sont réduits au minimum. Pour bien exposer les fruits au soleil, je pense à tourner les pots d'un demi-tour chaque semaine.
- Ma préférence va aux fruits allongés à la chair moins abondante, plus moelleuse et contenant moins de graines, contrairement aux gros fruits ronds, certes plus spectaculaires.

• Je cueille les fruits avant qu'ils n'atteignent 20 cm et je choisis des hybrides « F1 » récents (ils sont nombreux), tous toujours de très bonne qualité.
• Pour m'amuser, je cultive aussi la plante à œufs, une aubergine aux petits fruits blancs, et j'évite l'aubergine rouge (« Red Egg ») : elle est surprenante et décorative, mais sa peau est épaisse.

Des petits pois…

Une culture facile, amusante et vivante.

EN PRATIQUE

• J'ai réussi mes haricots verts, je réussirai mes petits pois : la culture et les récoltes sont similaires.
• J'attends les beaux jours d'avril pour semer en poquets de 5 à 7 graines, réparties à la surface d'un pot de 30 cm de diamètre.
• Je préfère les variétés à rames, grimpantes, pour gagner de la place en hauteur et donc du rendement.
• Dès que les plants mesurent 10 cm, je pose les tuteurs en tipi ou en palette étalée (en éventail). Les plants se guideront et s'accrocheront tout seuls.
• Le plein soleil, de l'eau au pied sans éclabousser le feuillage pour éviter l'oïdium, un terreau riche et à moi les récoltes dans deux mois !
• Les pois à écosser sont nombreux et tous savoureux : « Téléphone à rames », « JOF », « Serpette », « Roi des conserves », etc. Je réussis également mes pois mange-tout de la même façon : « Corne de bélier », « Géant suisse », etc.

Le melon : mon défi

Avec de l'application et en choisissant la bonne variété, on peut y arriver !

EN PRATIQUE

- Je choisis le « Sucrin de Tours », une ancienne variété française délicieuse et intéressante pour la culture en pot car ses fruits sont petits.
- J'ai peu de chance de le trouver en plant poussé, donc je le sème au chaud dès le mois de mars. Trois graines par godet à 20 °C, et la germination se fait en quelques jours. Lorsque les plants sont sortis, je conserve le plus robuste.
- Je rempote en mai, dans un grand pot de 30 à 40 cm de diamètre, et je tuteure pour le conduire en grimpant. Une fois les quatre premières feuilles apparues, je taille au-dessus de la deuxième puis au-dessus de la troisième sur les nouveaux départs.
- Je conserve un à trois fruits que je place sur un support (par exemple une tour faite de briques) pour soulager la plante.
- Je cueille fin juillet, courant août… et je suis fier !

Fenouil et chou-rave : tout dans le bulbe !

Petits bulbes mais grandes saveurs, ces deux légumes sont amusants à faire grossir en pots, sur le balcon, à moindre effort. Car si le démarrage depuis le semis, comme on le fait au jardin, est lent, le grossissement est assez rapide à la faveur des beaux jours d'été.

EN PRATIQUE

• J'achète quelques plants fin avril-début mai, pour les rempoter individuellement dans des pots de 20 cm de diamètre, c'est suffisant. La profondeur de terre est bien moindre qu'au potager et les légumes récoltés seront de moins gros calibre, mais intéressants.

• Au rempotage, je coupe la racine principale : sa longueur est inutile pour favoriser le grossissement. Je laisse le collet au-dessus de la surface du terreau, sans quoi la croissance est plus lente.

• J'arrose régulièrement, car le manque d'eau rend le chou-rave filandreux et le fenouil, creux.

• Si je suis impatient, je récolte dès la fin juin les petits bulbes qui auront 7 à 8 cm de diamètre. Si je suis plus raisonnable et que j'assure les arrosages d'été, j'attends septembre pour des légumes plus volumineux.

RÈGLE 44

Le vrai goût des concombres !

Avec peu de soins, il est possible de récolter quelques beaux fruits et bien goûteux !

EN PRATIQUE

• Les meilleurs sont proposés sous forme de graines. Je démarre mes semis au chaud dès les mois de février - mars, à 20 °C, pour une plantation en mai. Le protocole est le même que pour toutes les cucurbitacées (voir courgette ou melon).

• Si j'ai la possibilité de trouver des plants, je les achète plus tard pour un rempotage en mai.

• Je prévois un tuteurage assez costaud, en tipi, car les fruits sont assez lourds. Je le place au moment du rempotage et je récolte environ 2 mois après au fur et à mesure. Pour soutenir la croissance et la fructification, j'apporte un engrais « tomate » tous les 15 jours.

• Je me familiarise avec des variétés à petits fruits, comme « Crokdélis », « F1 Petita » ou « Lemon », un concombre rond.

Sauges déclinées

Pour le plaisir gustatif, on choisit d'étaler un petit assortiment sur son balcon…

EN PRATIQUE

- Un pot de 20 cm de diamètre par plant et plus si j'ai de la place pour la **sauge sclarée**, naturellement très ample (plus d'un mètre d'envergure), du plein soleil et un à deux arrosages par semaine en été.
- Si je ne prélève pas de pousses feuillées, je taille tout le pourtour de la plante en ôtant 15 cm pour la conserver dense et touffue.
- Pour composer un camaïeu de sauges, je rempote la sauge dorée **Salvia officinalis**, au feuillage panaché de jaune, la « Tricolore », aux feuilles pourpres, crème et vertes, et la « Purpurascens », à la coloration pourpre intense. Je complète avec la « Berggarten », aux feuilles plus grandes et plus arrondies et par ailleurs la seule que l'on peut manger crue, et avec la « Lavandifolia », à feuilles étroites. Et, pour gagner le statut de « Référent Sauge » auprès de mes amis, je cherche l'« Alba » et la « Rosea », respectivement à floraisons blanche et rose.

RÈGLE 46

Des aromatiques pour l'ombre

Souvent, une partie du balcon est à l'ombre une grande partie de la journée, sinon toute la journée, lorsque le constructeur n'a pas tenu compte de la course du soleil. Pour mettre à profit cette parcelle ingrate, on peut cultiver un assortiment d'aromatiques adaptées.

EN PRATIQUE

- Sauf de rares exceptions, je démarre la culture par le rempotage de plants déjà poussés, en mars-avril ou en septembre-octobre pour les vivaces.
- **Le cerfeuil** (annuelle) : un plant dans un pot de 18 cm, et des feuilles jusqu'en septembre. Attention, sa saveur délicate disparaît à la cuisson.
- **La mélisse** (vivace) : un plant dans un pot de 25 cm ou dans une petite jardinière de 80 cm. Par la suite, je pourrai la multiplier par division de touffes, comme les menthes.

- **La menthe** (vivace) : ou plutôt « les menthes », tant les variétés sont nombreuses (voir page 60).
- **L'oseille** (vivace) : je la récolte feuille à feuille dès la fin du printemps et jusqu'en automne. Je l'utilise comme condiment.

- **La cressonnette** ou **« cresson alénois »** (annuelle) : je la sème dès avril et toute l'année à l'intérieur, où elle pousse à une incroyable vitesse. Je l'utilise en condiment pour son goût très soufré.

- Et aussi : **le persil, la balsamite, le basilic, l'absinthe, l'aneth** et **la sauge.**

Mes fleurs comestibles

Elles sont belles à voir et souvent bonnes à manger, les fleurs comestibles sont devenues indispensables pour donner la touche finale aux plats cuisinés et aux crudités. Et avec ça, elles sont d'une culture incroyablement facile !

EN PRATIQUE

- J'ai le choix entre semis (faciles) et plants achetés (pratiques).
- **La capucine :** je sème ses grosses graines de la taille d'un pois à 2 cm de profondeur tous les 10 cm, dans les petits espaces libres des jardinières et des grands pots, pour les laisser cascader à l'extérieur. Les fleurs ont un goût poivré.
- **Le souci :** je sème de mars à mai, à 3 cm de profondeur, et j'éclaircis tous les 15 cm. Je privilégie les formes naines comme le « Bonbon orange ». De mai à septembre, les pétales servent de faux safran.

• **La violette :** des plants, à rempoter à mi-ombre ou en plein soleil, pour une floraison abondante. Délicatement parfumée et savoureuse.

• **La bourrache :** un gros plant, bien plus facile que le semis, dans un pot de 18 cm de diamètre et du plein soleil. Les fleurs ont un petit goût de concombre.

• Et aussi : **la lavande, le chrysanthème comestible, l'œillet d'Inde**... il y a plus de 250 espèces à déguster !

Une jardinière asiatique

L'arrivée du wok dans les cuisines occidentales a fait connaître des légumes venus de la lointaine Asie. Il est facile d'en faire pousser certains sur son balcon, à commencer par tous les légumes-feuilles à l'enracinement peu profond.

EN PRATIQUE

- Leur culture est comparable à celle des salades et des légumes-feuilles à semer. Je démarre mes productions à partir de mars-avril.
- **La moutarde de Chine :** dans sa version à feuilles vertes ou rouges ou dans sa version frisée, je sème dans une grande jardinière, en plein soleil. J'éclaircis et je mange les premières feuilles tendres par la même occasion, et je récolte six à huit semaines après le semis. Quand elles deviennent trop dures, je les fais confire dans du vinaigre.
- **Le mizuna** ou « chou-salade » : je sème entre mai et août et je récolte les feuilles fines et découpées

des pommes au fur et à mesure, jusqu'à l'arrivée de l'hiver.

- **L'épinard sauvage :** ses feuilles sont plus courtes et plus cloquées que celles de notre épinard. Je sème de mi-avril à juillet et j'éclaircis tous les 15 à 20 cm. Je récolte feuille à feuille et j'arrose régulièrement en été pour éviter la montée à graines.
- Je complète par deux condiments : **le périlla de Nankin**, à la culture semblable à celle du **basilic**, et **la coriandre**, à faire pousser comme le persil.

Des choux chinois sur mon balcon

Ces deux choux complétant les saveurs exotiques ont l'avantage d'occuper la place en été, lorsque les premières cultures du printemps libèrent de la place.

EN PRATIQUE

- **Le pe-tsaï :** c'est le plus connu. Sa forme en obus, qui ressemble à celle d'une grosse romaine dense mais de couleur claire, est familière. Je l'achète en plant à rempoter dans un pot de 25 cm et je le regarde grossir en lui apportant seulement de l'eau et éventuellement un peu d'engrais riche en azote. Je le place sous une ombre légère et je récolte deux mois après le rempotage.
- **Le pak-choi :** par souci de facilité, je rempote des plants tout prêts, que je cultive comme ci-dessus. Néanmoins, je peux

aussi le semer entre mi-juillet et mi-août dans une grande jardinière, car il pousse en rosettes ouvertes, moins encombrantes et avec de larges feuilles à pétioles blancs et épais. Dès que les choux font 20 cm de hauteur, je les récolte, alors qu'au jardin on poursuit leur croissance. La grande nouveauté, c'est le nombre d'hybrides disponibles : le « Joy Choi », le « Mei Qing Choi », le « Taisai » ou encore le « Canton nain », pour ne citer qu'eux.

La plante huître : l'air du large sur mon balcon !

Une plante des bords de mer qui a un goût d'huître, ce n'est pas banal : et pourtant, c'est bien là la saveur de la mertensie maritime, ou « plante huître » ! De plus, elle n'est pas réservée aux jardins des bords de mer : on peut l'étendre à presque toutes les régions. Sur le balcon, dans une jardinière, elle devient une culture permanente, car c'est une vivace.

EN PRATIQUE

- Au jardin, une fois installée, elle pousse entre 40 et 60 cm de hauteur. Je la cultive dans un grand pot ou dans une jardinière assez longue, de 80 cm.
- Sur les sites de vente par correspondance, je trouve désormais facilement des plants déjà poussés. Il en faut peu pour démarrer la culture : un tous les 30 cm. À rempoter en avril-mai.

• Sinon, je sème en automne ou à la fin de l'hiver, car la germination a besoin du passage du froid. Mais la levée peut se révéler irrégulière et un peu capricieuse.

• Jamais malade, peu exigeante, la mertensie peut pousser toute seule dans un terreau que j'amende de 20 % de sable. J'évite le soleil brûlant, mais je lui apporte autant de lumière que possible.

• Dès que les plants sont développés, je goûte leurs feuilles crues, épaisses et succulentes, en forme de cuillère.

TOMATES
POIVRE